NUEVE FORMAS SENCILLAS DE ABORDAR LOS DESAFÍOS DE LA SALUD MENTAL

Spines

NUEVE FORMAS SENCILLAS DE ABORDAR LOS DESAFÍOS DE LA SALUD MENTAL

TIENDA INTEGRAL DE SALUD MENTAL

SHAKIR MARIS ABDULLAH

ÍNDICE

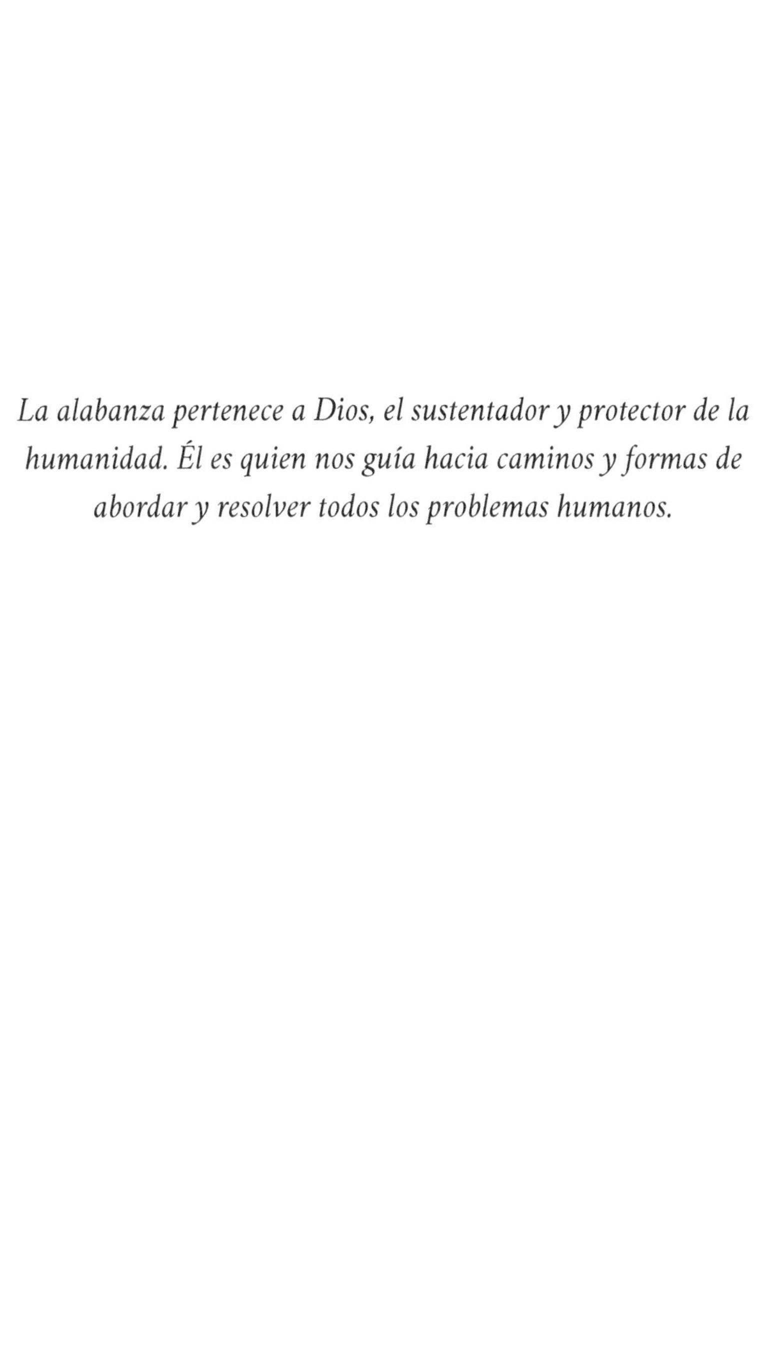

La alabanza pertenece a Dios, el sustentador y protector de la humanidad. Él es quien nos guía hacia caminos y formas de abordar y resolver todos los problemas humanos.

PREFACIO

La vida personal de una persona (ya sea hombre o mujer) depende de muchos factores:

1. Su psicología personal
2. Su historia de vida
3. Sus tendencias
4. Sus antipatías
5. Su disposición hereditaria
6. Su historia
7. Su educación
8. Su entorno
9. Sus sentimientos ocultos o reprimidos

Todas estas experiencias de vida deben ser consideradas o estudiadas de manera colectiva o simultánea al reflexionar sobre la propia vida. Este enfoque, que toma en cuenta un conjunto de experiencias, ofrecería a los individuos una visión profunda de su vida y podría señalar experiencias que necesitan ser abordadas de inmediato para lograr un bienestar equilibrado.

Bienvenido a la tienda integral de salud mental, donde encontrar soluciones para la salud mental nunca ha sido tan fácil.

Este documento esboza el plan para la expansión de "La tienda integral de salud mental", centrado en la salud mental y el bienestar. Está dividido en varias secciones clave:

Capítulo 1: Psicología

• Comprender la ciencia de la mente, las diversas ramas de la psicología y formas prácticas de aplicar los principios psicológicos para mejorar la salud mental.

Capítulo 2: Historia de vida

• Examinar cómo las experiencias tempranas, la adolescencia, la adultez y el envejecimiento contribuyen a la salud mental.

○ Incluye ejercicios de reflexión y seis estudios de caso que resaltan la importancia de la historia personal.

Capítulo 3: Tendencias

• Analizar los comportamientos habituales que influyen en el bienestar mental, desde la procrastinación hasta el pensamiento excesivo.

○ Pasos para identificar, modificar y transformar estas tendencias para lograr un crecimiento.

Capítulo 4: Antipatías

• Comprender las aversiones o desagrados y su impacto en el equilibrio emocional.

○ Estrategias para desafiar prejuicios, afrontar miedos y cultivar la aceptación.

Capítulo 5: Disposición hereditaria

• Explorar el papel de la genética en la salud mental, comprender la interacción entre naturaleza y crianza. Pasos prácticos para mitigar los riesgos hereditarios mientras se fomenta la resiliencia.

Capítulo 6: Historia

• La influencia de la historia personal y social en el bienestar mental, incluido el impacto a largo plazo de las experiencias colectivas.

Capítulo 7: Educación

• El poder transformador del aprendizaje en la construcción de la inteligencia emocional, la resiliencia y la autoconciencia.

○ Ejemplos de la vida real sobre cómo la educación contribuye a la salud mental.

Capítulo 8: Entorno

• Explorar la influencia del entorno físico y social en la salud emocional.

○ Pasos para crear entornos de apoyo para el bienestar personal y comunitario.

Capítulo 9: Sentimientos ocultos o reprimidos

• Descubrir y procesar emociones enterradas en el subconsciente.

○ Se discuten herramientas como el diario, la atención plena (mindfulness) y el apoyo terapéutico, junto con ejemplos de la vida real y ejercicios.

Estos capítulos tienen como objetivo proporcionar a los lectores un enfoque holístico de la salud mental y soluciones prácticas para mejorar su bienestar.

PSICOLOGÍA

Introducción a la Psicología

La psicología es el estudio científico de la mente y el comportamiento. Explora diversos procesos, incluyendo la percepción, la cognición, la emoción, la personalidad y las interacciones sociales. Comprender la psicología es el primer paso para mejorar la salud mental, ya que proporciona información sobre cómo pensamos, sentimos y actuamos.

Importancia de la Psicología en la salud mental

La psicología desempeña un papel fundamental en el bienestar mental al ayudar a las personas a comprender sus emociones, pensamientos y comportamientos. A través de técnicas terapéuticas e intervenciones, la psicología busca mejorar el bienestar general y reducir el malestar mental.

Conceptos psicológicos clave

1 Cognición: Se refiere a los procesos mentales como el pensamiento, el razonamiento y la resolución de problemas.

2 Emoción: Involucra sentimientos como la felicidad, la tristeza, la ira y el miedo, que influyen significativamente en nuestro estado mental.

3 Comportamiento: Se refiere a las acciones o reacciones de los individuos en respuesta a estímulos externos o internos.

4 Personalidad: Representa los patrones únicos y duraderos de pensamientos, sentimientos y comportamientos que caracterizan a un individuo.

Enfoques psicológicos

1 Psicología Conductual: Se centra en los comportamientos observables y cómo se aprenden a través del condicionamiento.

2 Psicología Cognitiva: Estudia procesos mentales como la memoria, la percepción y la resolución de problemas.

3 Psicología Humanista: Enfatiza el crecimiento personal y la autorrealización.

4 Psicología Psicodinámica: Explora las motivaciones inconscientes y las experiencias de la infancia.

5 Modelo Biopsicosocial: Considera factores biológicos, psicológicos y sociales para entender la salud y la enfermedad.

Aplicaciones prácticas de la Psicología

1 Terapia y consejería: Técnicas para ayudar a las personas a gestionar y superar problemas de salud mental.

2 Mindfulness y meditación: Prácticas para aumentar la conciencia y reducir el estrés.

3 Modificación del comportamiento: Estrategias para cambiar hábitos poco saludables y promover comportamientos positivos.

4 Terapia Cognitivo-Conductual (TCC): Combina técnicas cognitivas y conductuales para abordar patrones de pensamiento disfuncionales.

5 Descripción detallada de la Psicología: Incluye definiciones, subcampos (por ejemplo, clínica, desarrollo, cognitiva) y sus contribuciones a la salud mental.

6 Ejemplo de la vida real: Un joven adulto que lucha con la ansiedad utiliza técnicas cognitivo-conductuales para desafiar pensamientos negativos.

7 Estudio de caso: María, una maestra de 32 años, se beneficia de la terapia psicodinámica para abordar un trauma infantil.

8 Aplicaciones de la Psicología: Explora modelos de

terapia modernos como la TCC, el mindfulness y la psicología positiva, que promueven la resiliencia y el bienestar.

Comprendiendo la ciencia de la mente

La psicología es la piedra angular para entender la salud mental. Examina cómo las personas piensan, sienten y se comportan, ofreciendo información sobre lo que impulsa las acciones humanas. Al comprender la psicología, los individuos pueden tomar el control de su bienestar mental y tomar decisiones informadas sobre sus vidas.

¿Qué es la Psicología?

La psicología es tanto una ciencia como un arte. Implica el estudio de los procesos mentales y los comportamientos de manera científica y la aplicación de ese conocimiento para mejorar la comprensión y gestionar las emociones, las relaciones y las dinámicas interpersonales. La psicología proporciona un marco integral para la autoconciencia y el crecimiento.

Ramas de la Psicología

1 Psicología Clínica: Se centra en el diagnóstico y tratamiento de trastornos mentales.

2 Psicología del Desarrollo: Explora cómo las personas crecen y cambian a lo largo de su vida.

3 Psicología Cognitiva: Examina procesos mentales como

la memoria, la toma de decisiones, la resolución de problemas y el razonamiento.

4 Psicología Social: Investiga cómo las interacciones sociales influyen en el comportamiento y las emociones.

Por qué la Psicología es vital para la salud mental

Comprender los principios psicológicos permite a los individuos:

• Identificar desencadenantes de estrés, ansiedad o depresión.

• Desarrollar mecanismos de afrontamiento.

• Fortalecer relaciones al comprender las perspectivas de los demás.

• Construir resiliencia ante los desafíos.

Aplicaciones prácticas de la Psicología

El conocimiento psicológico no se limita a los consultorios de terapia; impacta diversos aspectos de la vida:

1 En la educación: Los docentes utilizan la psicología para gestionar aulas y apoyar a estudiantes diversos.

2 En los lugares de trabajo: Los empleadores aplican principios psicológicos para aumentar la motivación y satisfacción de los empleados.

3 En la vida cotidiana: Las personas practican mindfulness para reducir el estrés y mejorar la concentración.

Ejemplo de la vida real: Manejo de la ansiedad

Sara, una estudiante universitaria, luchaba con la ansiedad durante los exámenes. Experimentaba sudoración, dificultad para concentrarse y pensamientos intrusivos. A través de la terapia cognitivo-conductual (TCC), Sara aprendió a desafiar miedos irracionales y reemplazarlos con afirmaciones positivas. Con práctica, recobró la confianza y mejoró su rendimiento académico.

Conceptos erróneos comunes sobre la Psicología

1 "La psicología es solo sentido común."

• Realidad: La psicología se basa en investigaciones científicas y prácticas basadas en evidencias.

2 "La terapia es solo para personas con problemas graves."

• Realidad: Cualquiera puede beneficiarse de la terapia, ya sea para manejar el estrés diario o para buscar crecimiento personal.

Estudio de caso: Superando el agotamiento emocional

• **Antecedentes**: Tom, un ingeniero de software de 40 años, experimentó agotamiento emocional debido a largas horas de trabajo y plazos de alta presión. Se sentía irritable, desconectado y desmotivado.

- **Intervención**: Tom buscó ayuda de un psicólogo que le presentó la reducción de estrés basada en la atención plena (MBSR). Al practicar meditación diaria y centrarse en objetivos pequeños y alcanzables, Tom gradualmente recuperó su sensación de equilibrio.

- **Resultado**: Después de ocho semanas, Tom informó una reducción en los niveles de estrés, una mejor concentración y mejores relaciones con colegas y familiares.

Pasos para aplicar conocimientos psicológicos

1 Reflexiona sobre tu comportamiento: Lleva un diario para registrar pensamientos y emociones.

2 Aprende técnicas de manejo del estrés: Practica ejercicios de atención plena o respiración profunda.

3 Busca orientación profesional: Consulta a un psicólogo cuando enfrentes problemas persistentes.

4 Desarrolla conciencia emocional: Identifica patrones en tus reacciones a diferentes situaciones.

Conclusión

La psicología ayuda a las personas a entenderse mejor a sí mismas y a los demás. Al aplicar sus principios, cualquiera puede mejorar su salud mental y llevar una vida más satisfactoria.

HISTORIA DE VIDA

El papel de las experiencias de vida

Nuestras experiencias de vida moldean quiénes somos y cómo vemos el mundo. Estas experiencias impactan profundamente nuestra salud mental, influyendo en nuestros pensamientos, emociones y comportamientos.

Infancia temprana

La infancia temprana es un período crucial para el desarrollo de la salud mental. El entorno en el que un niño crece, incluyendo el cuidado que recibe y las relaciones que forma, afecta significativamente su bienestar psicológico.

Adolescencia

La adolescencia es un período en el que los individuos comienzan a formar su identidad y a navegar por dinámicas sociales complejas. El apoyo y la orientación son esenciales durante estos años formativos para mantener la salud mental.

Adultez

La adultez presenta su propio conjunto de desafíos, incluyendo presiones laborales, dinámicas de relaciones y transiciones en la vida. Comprender y gestionar estos desafíos es vital para mantener el bienestar mental.

Envejecimiento y salud mental

El envejecimiento trae cambios tanto en la salud física como mental. Es importante abordar las necesidades únicas de salud mental de los adultos mayores, incluyendo el afrontamiento de la pérdida, el mantenimiento de conexiones sociales y la gestión de condiciones de salud crónicas.

Enfrentando los desafíos de la vida

1 Habilidades de resolución de problemas: Técnicas para abordar y resolver problemas de manera efectiva.

2 Manejo del estrés: Prácticas como técnicas de relajación y gestión del tiempo para reducir el estrés.

3 Regulación emocional: Estrategias para gestionar y expresar emociones de manera saludable.

4 Redes de apoyo: Construir relaciones sólidas y buscar apoyo de amigos, familiares y profesionales.

Fundamento de la salud mental

Las experiencias de vida nos moldean

Las experiencias de vida moldean nuestra percepción de nosotros mismos y del mundo que nos rodea. Desde la infancia temprana hasta la vejez, estas experiencias influyen en nuestra salud mental y resiliencia emocional. Comprender nuestro pasado nos permite conectar los puntos entre nuestro pasado, presente y futuro, allanando el camino para la sanidad y el crecimiento.

1 Los primeros años

La infancia es un período crítico para el desarrollo de la salud mental. Las experiencias durante este tiempo forman la base para la seguridad emocional, la autoestima y las relaciones interpersonales.

- **Influencia parental**: Un entorno de crianza afectuoso fomenta la confianza, mientras que la negligencia o la inconsistencia pueden llevar a la ansiedad y problemas de apego.

  o **Ejemplo**: Un niño criado en un hogar de apoyo puede desarrollar una autoimagen positiva, mientras que uno expuesto a críticas constantes podría luchar con la duda sobre sí mismo.

2 Adolescencia y salud mental

La adolescencia es un momento de autodescubrimiento y cambios rápidos. La transición de la infancia a la adultez trae desafíos como la presión de grupo, las expectativas académicas y la exploración de la identidad.

- **Regulación emocional**: Los adolescentes a menudo experimentan cambios de humor debido a cambios hormonales y habilidades cognitivas en evolución.

  o **Ejemplo**: Emma, una estudiante de secundaria, se sintió abrumada por la necesidad de encajar. A través de la escritura en un diario y la consejería, aprendió a abrazar sus valores personales.

3 Adultez: equilibrando responsabilidades

La adultez introduce una mezcla de oportunidades y presiones, desde el avance profesional hasta la construcción de relaciones.

- **Equilibrio entre trabajo y vida personal**: Luchar por gestionar el tiempo entre compromisos profesionales y personales puede llevar al estrés.

- **Transiciones de vida**: Eventos como el matrimonio, la paternidad o reubicarse a menudo traen alegría y estrés en igual medida.

  o **Ejemplo**: James, un nuevo padre, experimentó ansiedad sobre cómo proveer para su familia.

4 Envejecimiento y reflexión

A medida que las personas envejecen, reflexionan sobre su vida y logros. Algunos experimentan satisfacción, mientras que otros lidian con el arrepentimiento o la soledad.

• **Salud física y mental**: Enfermedades crónicas o desafíos de movilidad pueden impactar la salud mental.

o **Ejemplo**: Linda, una viuda de 70 años, encontró consuelo en el voluntariado comunitario, lo que mejoró su estado de ánimo y le dio un sentido de propósito.

5 Estudio de caso: superando el trauma infantil

o **Contexto**: Michael, un diseñador gráfico de 28 años, luchaba con baja autoestima y dificultad para confiar en los demás. Creciendo en un hogar con frecuentes discusiones y negligencia emocional, a menudo se sentía aislado.

o **Intervención**: A través de la terapia, Michael trabajó para identificar cómo sus experiencias infantiles moldearon sus comportamientos actuales. Su terapeuta le presentó técnicas como el trabajo con el niño interior y afirmaciones para reconstruir su autoestima.

o **Resultado**: Michael mejoró sus relaciones, estableció límites saludables y reconectó con sus pasiones, encontrando satisfacción y confianza.

6 Desafíos de la vida y mecanismos de afrontamiento

o **Identificar patrones**: Reflexiona sobre temas recurrentes en tu vida: éxitos, contratiempos y puntos de inflexión.

○ **Desarrollar conciencia emocional**: Reconoce cómo las experiencias pasadas influyen en las emociones actuales.

○ **Practicar la resiliencia**: Abraza los desafíos como oportunidades para el crecimiento.

7 Ejercicio práctico: Mapeando tu ruta de vida

○ **Paso 1**: Dibuja una línea de tiempo de tu vida, marcando eventos clave (tanto positivos como negativos).

○ **Paso 2**: Reflexiona sobre cómo cada evento moldeó tu salud mental.

○ **Paso 3**: Identifica lecciones aprendidas y áreas que necesitan sanación.

■ **Ejemplo**: Un lector mapea su viaje, reconociendo que un mentor de secundaria despertó su amor por la escritura, mientras que una relación fallida le enseñó la importancia del autocuidado.

Avanzando

El trasfondo de tu vida no se trata solo de lo que ha sucedido, sino de lo que haces con ello. Este capítulo proporciona un mapa para que los lectores reflexionen sobre su pasado, extraigan ideas significativas y comiencen su viaje hacia la salud mental.

TENDENCIAS

ENTENDIENDO LAS TENDENCIAS

Las tendencias son patrones habituales de comportamiento, pensamiento o emoción que pueden influir en nuestra salud mental. Reconocer y comprender nuestras tendencias es el primer paso para realizar cambios positivos.

Tendencias psicológicas comunes

• **Perfeccionismo**: Esforzarse por la perfección y establecer estándares altos.

• **Procrastinación**: Retrasar tareas y decisiones.

• **Pesimismo**: Enfocarse en los aspectos negativos de las situaciones.

• **Optimismo**: Enfocarse en los aspectos positivos de las situaciones.

• **Ansiedad**: Experimentar preocupación o miedo excesivo.

Identificando tendencias personales

La autoconciencia es crucial para identificar tendencias personales. Reflexionar sobre comportamientos pasados y respuestas emocionales puede ayudar a las personas a comprender sus patrones habituales.

Modificando tendencias no saludables

Superar tendencias no saludables implica estos pasos:

1 **Conciencia**: Reconocer la tendencia y su impacto en la salud mental.

2 **Comprensión**: Explorar las causas subyacentes.

3 **Estrategias**: Desarrollar e implementar estrategias para modificar la tendencia.

4 **Apoyo**: Buscar orientación de profesionales de la salud mental o grupos de apoyo.

Cultivando tendencias positivas

• **Mindfulness**: Practicar mindfulness para aumentar la conciencia y reducir reacciones automáticas.

• **Gratitud**: Fomentar la gratitud para mejorar el bienestar general.

• **Resiliencia**: Construir resiliencia para hacer frente mejor al estrés y la adversidad.

• **Empatía**: Desarrollar empatía para mejorar las conexiones sociales y la inteligencia emocional.

• **Tipos de tendencias**: Explicación en profundidad de los comportamientos.

• **Ejemplos prácticos**: Por ejemplo, cómo la procrastinación impacta en las calificaciones y la salud mental de un estudiante universitario.

• **Estudio de caso**: Sara, una perfeccionista, aprende a establecer metas realistas a través de la consejería.

• **Cambio de comportamiento**: Pasos para identificar y modificar tendencias poco útiles con aplicaciones en el mundo real.

Tendencias comunes

1 **Procrastinación**: Retrasar tareas importantes, a menudo debido al miedo al fracaso o la falta de motivación.

○ **Ejemplo**: Un estudiante pospone el estudio hasta la noche anterior a un examen, lo que resulta en un rendimiento deficiente y una mayor ansiedad.

2 **Sobreanálisis**: Analizar en exceso las situaciones, lo que lleva al agotamiento mental.

○ **Ejemplo**: Una mujer repite una conversación pasada, dudando de sus palabras e intenciones.

3 **Impulsividad**: Actuar sin considerar las consecuencias.

○ **Ejemplo**: Un hombre gasta más de su presupuesto durante una compra impulsiva, causando estrés financiero.

Estudio de caso: Transformando una tendencia negativa

Contexto:

Ana, una profesional de marketing, luchaba con la procrastinación crónica. Las fechas límite se convirtieron en una fuente de pánico y la calidad de su trabajo se vio afectada.

Intervención:

Un coach de productividad le presentó a Ana técnicas de bloqueo de tiempo y el método Pomodoro. La terapia le ayudó a abordar los miedos subyacentes al juicio.

Resultado:

En tres meses, la productividad de Ana mejoró significativamente. Cumplía con las fechas límite con facilidad y ganó confianza en sus habilidades.

Pasos prácticos para modificar tendencias

1 Identificar desencadenantes: Reconocer situaciones que conducen a tendencias negativas.

2 Reemplazar patrones: Desarrollar hábitos constructivos para contrarrestarlos.

3 Establecer metas pequeñas: Dividir tareas en pasos manejables para construir consistencia.

ANTIPATÍAS

DEFINIENDO ANTIPATÍAS

Las antipatías se refieren a sentimientos intensos de desagrado o aversión hacia ciertas personas, situaciones o cosas. Estos sentimientos negativos pueden impactar la salud mental y las relaciones.

Fuentes de antipatías:

Las antipatías pueden surgir de experiencias pasadas, influencias culturales o valores personales. Comprender sus orígenes es esencial para gestionarlas y superarlas.

Impacto en la salud mental:

Si no se abordan, las antipatías pueden afectar el bienestar general, por lo que es vital enfrentarlas para tener una mentalidad más saludable.

Gestionando y superando antipatías:

• **Autorreflexión**: Identificar las causas raíz y reflexionar sobre su impacto.

• **Empatía**: Desarrollar comprensión hacia los demás.

• **Comunicación**: Participar en discusiones abiertas y respetuosas para resolver conflictos.

• **Aceptación**: Practicar el desapego de los sentimientos negativos.

Cultivando actitudes positivas:

• **Perdón**: Liberar rencores y abrazar el perdón.

• **Mentalidad abierta**: Acoger nuevas perspectivas y adaptarse al cambio.

• **Pensamiento positivo**: Enfocarse en aspectos constructivos y usar afirmaciones.

Comprendiendo las antipatías

Tipos de antipatías:

1 **Antipatías sociales**: Incomodidad en determinados entornos sociales.

2 **Antipatías situacionales**: Aversión desencadenada por entornos o tareas.

3 **Antipatías culturales**: Prejuicios moldeados por normas o sesgos sociales.

Ejemplo:

Un gerente aprende a superar prejuicios inconscientes, lo que le permite construir un equipo diverso.

Estudio de caso:

Tom, quien no gusta de las multitudes debido a experiencias de su infancia, descubre la raíz de su aversión y la supera gradualmente a través de terapia y ejercicios de exposición.

Pasos para abordar las antipatías:

1 Reconocer los prejuicios: Reconocer los orígenes de tus aversiones.

2 Exposición gradual: Enfrentar las aversiones de manera incremental para construir tolerancia.

DISPOSICIÓN HEREDITARIA

ROL DE LA GENÉTICA EN LA SALUD MENTAL

La genética influye significativamente en las predisposiciones a ciertas condiciones de salud mental. Comprender los factores hereditarios proporciona información valiosa sobre los riesgos potenciales.

Factores genéticos y condiciones de salud mental

Algunas condiciones, como la depresión, la ansiedad y la esquizofrenia, tienen un componente genético. Ser consciente de la historia familiar es clave para la intervención temprana.

Gestionando los riesgos hereditarios

• **Conciencia**: Entender la historia familiar y los riesgos potenciales.

• **Prevención**: Adoptar elecciones de estilo de vida saludable y someterse a chequeos regulares.

• **Apoyo**: Buscar orientación de profesionales de la salud mental.

• **Educación**: Aprender sobre las condiciones y las estrategias de manejo efectivas.

El rol de la Epigenética

La Epigenética explora cómo los factores ambientales influyen en la expresión génica. Las decisiones de estilo de vida y el entorno pueden afectar significativamente los resultados en la salud mental.

Estrategias para mejorar la salud mental

• **Estilo de vida saludable**: Mantener una dieta equilibrada y hacer ejercicio regularmente.

• **Manejo del estrés**: Practicar la atención plena y técnicas de relajación.

• **Apoyo social**: Construir conexiones sólidas con otras personas.

• **Ayuda profesional**: Buscar asistencia de profesionales calificados y seguir los tratamientos prescritos.

Ejemplo: Una familia con un historial de trastorno bipolar aprende estrategias de prevención.

Estudio de caso: Emilia, consciente de su predisposición genética a la esquizofrenia, adopta un estilo de vida proactivo para mitigar riesgos.

El rol de la genética en la salud mental

Entendiendo la disposición hereditaria

Las condiciones de salud mental, como la depresión, la ansiedad y el trastorno bipolar, a menudo tienen un componente genético. Si bien los genes influyen en la predisposición, los factores ambientales y las elecciones de estilo de vida también desempeñan roles cruciales.

Ejemplo: Patrones familiares

Las familias con un historial de trastornos de ansiedad a menudo muestran síntomas similares a lo largo de generaciones. La intervención temprana puede mitigar estos riesgos.

Estudio de caso: Manejo del riesgo genético

Antecedentes: Lisa, cuya madre y abuela lucharon contra la depresión, temía heredar esa condición.

Intervención: A través de estrategias proactivas que incluyen terapia y atención plena, abordó sus preocupaciones.

Resultado: A pesar de su predisposición genética, Lisa mantuvo una actitud positiva y manejó el estrés de manera efectiva.

Estrategias para equilibrar la naturaleza y la crianza

- **Comprender tu historia familiar**: Identificar patrones

de problemas de salud mental.

• **Adoptar un estilo de vida saludable**: Priorizar hábitos que apoyen el bienestar mental.

• **Buscar atención preventiva**: Consultar a profesionales para recibir orientación temprana.

HISTORIA

Influencia de la historia personal en la salud mental

La historia personal, que incluye experiencias pasadas y eventos significativos en la vida, modela nuestra salud mental. Comprender esta historia proporciona valiosos conocimientos sobre los problemas actuales y guía las intervenciones terapéuticas.

Experiencias de la infancia

El trauma infantil, la negligencia o el abuso pueden tener efectos duraderos en la salud mental. La intervención temprana es crucial para abordar estos problemas y prevenir complicaciones futuras.

Eventos traumáticos

Sucesos como accidentes, pérdidas o violencia pueden dar lugar a condiciones como el trastorno de estrés postraumático (TEPT). Abordar el trauma es esencial para facilitar la recuperación.

Transiciones de vida

Cambios significativos, tales como mudanzas, cambios de carrera o pérdidas personales, pueden afectar la salud mental. Desarrollar estrategias de afrontamiento es fundamental para navegar de manera efectiva estas transiciones.

Sanando del pasado

• **Reconocimiento**: Reconocer y comprender el impacto de las experiencias pasadas es un primer paso fundamental para la sanación.

• **Apoyo**: Construir una red de amigos, familiares y profesionales de la salud mental puede ofrecer el respaldo necesario durante el proceso.

• **Autocompasión**: Practicar el autocuidado y la autocompasión es esencial para fomentar la sanación personal.

Avanzando

• **Dejar ir**: Soltar heridas pasadas y centrarse en el presente permite un progreso más saludable.

• **Crecimiento**: Abrazar el desarrollo personal y la resiliencia ayuda a enfrentar nuevos desafíos de manera más efectiva.

• **Perspectiva positiva**: Cultivar el optimismo y establecer metas futuras puede proporcionar dirección y motivación en la vida.

Contenido ampliado

Ejemplo de trauma: Un veterano que supera el TEPT a través de terapia especializada es un testimonio del impacto positivo de la intervención profesional.

Estudio de caso: Una mujer que enfrenta y supera una infancia abusiva utiliza la terapia EMDR (Desensibilización y reprocesamiento por movimiento ocular) como herramienta para sanar y reconstruir su vida.

EDUCACIÓN

El papel de la educación en la salud mental

La educación impacta de manera significativa la salud mental al fomentar el conocimiento, las habilidades y las oportunidades de crecimiento personal. Esta influencia se manifiesta en el desarrollo cognitivo y el bienestar emocional de las personas.

Educación infantil temprana

Las experiencias positivas en la educación temprana son cruciales para promover la resiliencia y una buena salud mental desde la infancia.

Logro académico

El éxito académico tiene un efecto directo en la autoestima y la confianza personal. Los entornos de apoyo, donde se valora el esfuerzo y se celebra el progreso, contribuyen al bienestar mental de los estudiantes.

Aprendizaje a lo largo de la vida

Mantener la mente activa a través del aprendizaje continuo no solo apoya la salud mental, sino que también ofrece oportunidades de crecimiento y el desarrollo de nuevas habilidades a lo largo de la vida.

La educación y la conciencia sobre la salud mental

La educación juega un papel esencial en la reducción del estigma asociado a los problemas de salud mental. Las escuelas, los lugares de trabajo y las comunidades tienen roles vitales en la promoción de la educación y el acceso a recursos sobre salud mental.

Estrategias para promover la salud mental a través de la educación

• **Entornos de apoyo**: Crear espacios de aprendizaje inclusivos y seguros es fundamental para el desarrollo emocional y psicológico de los estudiantes.

• **Recursos de salud mental**: Proporcionar acceso a servicios de apoyo en salud mental es crucial para ayudar a aquellos que lo necesiten.

• **Desarrollo de habilidades**: Enseñar habilidades como la regulación emocional, la resolución de problemas y la gestión del estrés contribuye a un mejor manejo de las dificultades.

• **Aprendizaje socioemocional**: Las escuelas que integran programas de aprendizaje socioemocional reportan una notable reducción del acoso escolar y una mejora en el clima escolar.

Estudio de caso

Un ejemplo significativo es el de una persona que, al dejar la escuela, reconstruye su autoestima y su sentido de pertenencia a través de programas de educación para adultos, demostrando así el poder transformador de la educación en la salud mental.

Impacto del entorno en la salud mental

Los alrededores físicos y los contextos sociales de un individuo influyen significativamente en la salud mental. Un entorno positivo fomenta el bienestar, mientras que las condiciones adversas pueden agravar los desafíos.

La influencia de los alrededores en la salud mental

Entorno físico

El entorno físico, que incluye la vivienda, los vecindarios y el acceso a espacios verdes, puede influir de manera significativa en la salud mental. Unos alrededores limpios, seguros y de apoyo promueven el bienestar.

• **Ejemplo**: Los residentes urbanos se benefician de jardines comunitarios y parques públicos, que ofrecen oportunidades para la relajación y la conexión con la naturaleza.

Entorno social

El entorno social, que abarca las relaciones, la comunidad y las influencias culturales, juega un papel crucial en la salud mental. Las conexiones sociales positivas y un sentido de pertenencia son esenciales para el bienestar emocional.

• **Estudio de caso**: Después de mudarse a una nueva ciudad, Jane se sintió aislada y ansiosa. Unirse a un club de lectura local le proporcionó conexiones significativas, mejorando significativamente su salud mental.

Entorno laboral

El entorno laboral impacta la salud mental a través de factores como la carga de trabajo, las relaciones con los colegas y la cultura organizacional. Las políticas y prácticas laborales de apoyo mejoran el bienestar.

• **Ejemplo**: Un trabajador de una fábrica prosperó después de que su empresa introdujera estaciones de trabajo ergonómicas y servicios de asesoramiento.

Estrategias para crear un entorno positivo

1 **Hogar**: Crea un espacio seguro, cómodo y nutritivo ordenando y reacomodando.

2 **Comunidades**: Fomenta comunidades de apoyo y construye conexiones sociales significativas.

3 Lugar de trabajo: Promueve políticas y prácticas laborales que favorezcan la salud mental.

4 Naturaleza: Pasa tiempo en espacios verdes para reducir el estrés y mejorar el bienestar general.

SENTIMIENTOS OCULTOS O REPRIMIDOS

¿Qué son los sentimientos ocultos o reprimidos?

Los sentimientos ocultos o reprimidos son emociones enterradas en lo más profundo del subconsciente, a menudo para evitar el dolor o la incomodidad. Estas emociones permanecen sin abordar, influyendo sutilmente en los pensamientos y comportamientos.

• Ejemplos:

○ La ira disfrazada de sarcasmo.

○ La tristeza enmascarada por una constante ocupación.

○ El miedo oculto bajo un control excesivo.

Causas de los sentimientos reprimidos

1 Expectativas culturales y sociales: Las sociedades que desincentivan la expresión emocional a menudo llevan a las personas a suprimir sus sentimientos.

○ **Ejemplo**: Un niño que se enseña a "ser fuerte" puede crecer evitando la vulnerabilidad, lo que lleva a una desconexión emocional.

2 Trauma: Las experiencias dolorosas pueden resultar en la supresión emocional como mecanismo de afrontamiento.

3 Dinámicas familiares: Las familias que desalientan la comunicación abierta fomentan la represión emocional.

Signos de sentimientos reprimidos

• **Síntomas físicos**: Tensión crónica, dolores de cabeza o fatiga.

• **Patrones de comportamiento**: Evitación, reacciones exageradas o comportamientos de entumecimiento como el comer en exceso o el uso excesivo de pantallas.

• **Explosiones emocionales**: Las emociones reprimidas pueden salir a la superficie como ira o tristeza repentinas.

¿Por qué abordar los sentimientos reprimidos?

Las emociones no abordadas pueden manifestarse como desafíos de salud mental, como ansiedad, depresión o baja autoestima. Procesar estos sentimientos promueve:

• Reducción del estrés y mejora del bienestar.

• Relaciones más fuertes a través de la autenticidad emocional.

• Crecimiento personal y autoconciencia.

Ejemplos prácticos de descubrimiento de sentimientos reprimidos

1 Enfrentando la culpa: Jane, una enfermera, reparó su relación con una amiga después de abordar la culpa de un conflicto pasado.

2 Redescubriendo la alegría: Marcos, un atleta retirado, se reconectó con su propósito al explorar el duelo por el final de su carrera y comenzó a mentorear a jóvenes atletas.

3 Superando la ira: Alex, un desarrollador de software, identificó el resentimiento hacia sus padres a través de la escritura y la terapia. La comunicación asertiva mejoró sus relaciones y su equilibrio emocional.

Herramientas para procesar emociones ocultas

1 Escritura en un diario: Escribe pensamientos y sentimientos para sacar a la luz las emociones.

2 Prácticas de mindfulness: Técnicas como la meditación aumentan la conciencia emocional y la aceptación.

3 Apoyo terapéutico: Busca terapias como el asesoramiento psicodinámico o la experiencia somática para procesar emociones.

4 Expresión artística: Utiliza la pintura, la música o la escritura como salidas para la expresión emocional.

Ejercicios para desbloquear sentimientos reprimidos

1 Reflexión sobre emociones: Escribe las emociones que sientes con frecuencia y aquellas que rara vez reconoces. Reflexiona sobre por qué se evitan ciertas emociones.

2 Técnica de la "Silla vacía": Imagina hablar con alguien relacionado con emociones no resueltas y expresa tus pensamientos en voz alta.

3 Meditación de escaneo corporal: Concéntrate en áreas de tensión en tu cuerpo y asócialas con emociones suprimidas.

Avanzando

Procesar sentimientos ocultos o reprimidos es un viaje que requiere paciencia, autocompasión y compromiso con la autenticidad emocional. Al abordar estas emociones enterradas, las personas desbloquean un sentido de libertad, autenticidad y bienestar mental.

CONCLUSION

Esta guía integral proporciona enfoques perspicaces sobre la salud mental y el crecimiento emocional. A través de explicaciones detalladas, ejemplos prácticos y estudios de caso, fomenta el desarrollo de un nuevo movimiento de salud mental que prioriza el bienestar y la autenticidad.